## 顾问委员会

主　　任：韩启德

委　　员：刘嘉麒　周忠和　张　藜　于　青　刘海栖
　　　　　海　飞　王志庚

## 编委会

主　　任：徐延豪

副主任：郭　哲　张　藜　任福君

委　　员：（按姓氏笔画排序）

　　　　　王　英　毛红强　尹晓冬　石　磊　孙小淳
　　　　　李星玉　李清霞　杨志宏　吴　晨　吴天骄
　　　　　吴唯佳　张晓彤　武廷海　罗兴波　孟令耘
　　　　　袁　海　高文静　郭　璐　蔡琳骏

## 主编

任福君

## 副主编

杨志宏　石　磊

"共和国脊梁"科学家绘本丛书

# 建造一座理想之城

## 吴良镛的故事

任福君 主编

高文静 著　王青春 绘

北京出版集团
北京出版社

# 前言

回首近代的中国，积贫积弱，战火不断，民生凋敝。今天的中国，繁荣昌盛，国泰民安，欣欣向荣。当我们在享受如今的太平盛世时，不应忘记那些曾为祖国奉献了毕生心血的中国科学家。他们对民族复兴的使命担当、对科技创新的执着追求，标刻了民族精神的时代高度，书写了科学精神的永恒意义。他们爱国报国、敬业奉献、无私无畏、追求真理、不怕失败，为祖国科学事业的繁荣昌盛，默默地、无私地奉献着，是当之无愧的共和国脊梁，应被我们铭记。

孩子是祖国的未来，更是新时代的接班人。今天，我们更应为孩子们多树立优秀榜样，中国科学家就是其中之一。向孩子们讲述中国科学家的故事，弘扬其百折不挠、勇于创新的精神，是我们打造"'共和国脊梁'科学家绘本丛书"的初衷，也是对中国科学家的致敬。

丛书依托于"老科学家学术成长资料采集工程"（以下简称"采集工程"）。这项规模宏大的工程启动于2010年，由中国科协联合中组部、教育部、科技部、工信部、财政部、原文化部、中国科学院、中国工程院等11个单位实施，目前已采集了500多位中国科学家的学术成长资料，积累了一大批实物和研究成果，被誉为"共和国科技史的活档案"。"采集工程"在社会上产生了广泛影响，但成果受众多为中学生及成人。

为了丰富"采集工程"成果的展现形式，并为年龄更小的孩子们提供优质的精神食粮，"采集工程"学术团队与北京出版集团共同策划了本套丛书。丛书由多位中国科学院院士、科学家家属、科学史研究者、绘本研究者等组成顾问委员会、编委会和审稿专家团队，共同为图书质量把关。丛书主要由"采集工程"学术团队的学者担任文字作者，并由新锐青年插画师绘图。2017年9月启动"'共和国脊梁'科学家绘本丛书"创作工程，精心打磨，倾注了多方人员的大量心血。

丛书通过绘本这种生动有趣的形式，向孩子们展示中国科学家的风采。根据"采集工程"积累的大量资料，如照片、手稿、音视频、研究报告等，我们在尊重科学史实的基础上，用简单易懂的文字、精美的绘画，讲述中国科学家的探索故事。每一本都有其特色，极具原创性。

丛书出版后，获得科学家家属、科学史研究者、绘本研究者等专业人士的高度认可，得到社会各界的高度好评，并获得多个奖项。

丛书选取了不同领域的多位中国科学家。他们是中国科学家的典型代表，对中国现代科学发展贡献巨大，他们的故事应当广泛流传。

"'共和国脊梁'科学家绘本丛书"的出版对"采集工程"而言，是一次大胆而有益的尝试。如何用更好的方式讲述中国科学家故事、弘扬科学家精神，是我们一直在思考的问题。希望孩子们能从书中汲取些许养分，也希望家长、老师们能多向孩子们讲述科学家故事，传递科学家精神。

"'共和国脊梁'科学家绘本丛书"编委会

## 致读者朋友

亲爱的读者朋友，很高兴你能翻开这套讲述中国科学家故事的绘本丛书。这些科学家为中国科学事业的繁荣昌盛做出了巨大贡献，是我们所有人的榜样，更是我们人生的指路明灯。

讲述科学家的故事并不容易，尤其是涉及专业词汇，这会使故事读起来有一些难度。在阅读过程中，我们有以下3点建议希望能为你提供帮助：

1.为了让阅读过程更顺畅，我们对一些比较难懂的词汇进行了说明，可以按照注释序号翻至"词汇园地"查看。如果有些词汇仍然不好理解，小朋友可以向大朋友请教。

2.在正文后附有科学家小传和年谱，以帮助你更好地认识每一位科学家，了解其个人经历与科学贡献，还可以把它们当作线索，进一步查找更多相关资料。

3.每本书的封底附有两个二维码。一个二维码是绘本的音频故事，扫码即可收听有声故事；另一个二维码是中国科学家博物馆的链接。中国科学家博物馆是专门以科学家为主题的博物馆，收藏着大量中国科学家的相关资料，希望这些丰富的资料能拓宽你的视野，让你感受到中国科学家的风采。

1922年春夏之交，
是古都南京最美的时节。
绸缎字号"吴德泰"喜事临门，
小孙子吴良镛出生了。
小良镛从小跟着祖父一起救济穷人，
为社会做善事。

然而时局动荡，
祖父去世后，吴家的家境渐渐衰落，
贫困的生活使吴良镛常常吃不饱饭。
即使这样，母亲还是咬紧牙关，
想办法让孩子们上学读书。

吴良镛从小就展露出绘画天赋,
老师一直鼓励他创作,
并把他的画送去国外展出。
抗日战争爆发后,
作为中学生的吴良镛积极参加童子军。
在操练中,他设计出一个"地图灶",
引起了大家的注意。
这是根据中国地图建造成的灶台,
中间圆形放锅的地方寓意"中原鼎沸",
东北方向排放的烟火寓意"东北烽火"。
这是吴良镛小时候最受赞赏的一次设计。

七七事变[①]后,日本加紧了对中国的侵略。
学校停课,吴良镛一家四散逃难。
他和哥哥从南京一路流亡到武汉、重庆,
最终得以在重庆合川的国立二中继续学习。
学校的话剧、演讲、座谈、演奏会,
吴良镛一个不落。
在活跃的文化氛围中,
他得到了良好的艺术熏陶。

能在战火中安静地学习,吴良镛觉得很满足。
有一段时间,他寄居在一位图书馆馆员的家里,
天天到图书馆看书。
有一天,他看到有位学者让人挑了一箩筐的书来还,
又借了一箩筐的书回去看。
吴良镛很惊讶,原来大学教授是这样看书的。
即将跨进大学校门的他意识到,
读书对成长是多么重要。

1940年7月27日，是吴良镛一生难忘的日子。
这天下午，空袭警报突然响起。
他刚刚跑进防空洞，
就地动山摇，碎石纷纷砸下来。

吴良镛心惊胆战地熬过两个小时的轰炸，
等他走出防空洞的时候，
整座城市大火漫天，
远处传来痛哭、号叫的声音，
悲惨的情景使他难受得喘不上气来。

这一年，成绩优异的吴良镛考上了大学。
第二年分专业，想起城市被摧毁的情景，
吴良镛坚定地选择了建筑系，他要为城市建设做贡献。

校园里的学术气氛浓厚，
同学、老师们经常聚集在一起谈天交流，
在这样的氛围下，吴良镛孜孜以求地读书、绘画，
在学习建筑的道路上摸索前进。

一天，吴良镛在路边写生，
艺术系教授吕斯百恰好路过，
他并未打搅，只是站在吴良镛身后默默欣赏。
时间一点一滴地过去，等吴良镛回过神来，
才发现教授正用赞许的眼神看着他，
这份肯定令吴良镛很受鼓舞。
对吴良镛而言，建筑和艺术是两种并行的学习，
他从两种专业学习中不断受益。

抗日战争期间，中国沿海被日军盘踞封锁，
很多国外资料只能从驼峰航线②运来的缩微胶卷中获得。
吴良镛如饥似渴地阅读着这些宝贵的资料。
读到欧美国家关于战争后城市改建、住宅建设的文章，
吴良镛深受启发。
他认识到，虽然全世界烽火连天，
但很多国家已经开始讨论战后重建的问题，
吴良镛此时也增加了对城市规划的兴趣。

大学三年级时，吴良镛和同学们集资办了一份油印杂志，
他的文章《释"阙"》引起了建筑大师梁思成和夫人林徽因的注意。

1945年，吴良镛从抗日前线回到重庆，
协助梁思成开展为中国古代宝塔绘图和文物保护的工作。
吴良镛对建筑事业的热爱和对待工作的细致认真，
得到了梁先生的充分肯定。
那时，梁先生要在清华大学创办具有现代新思想的建筑系，
他希望吴良镛到清华任教，
吴良镛欣然接受。

收到清华大学的聘书后,吴良镛一路北上。
夕阳斜射在高耸的城楼上,
曾经在照片上看到的古都景色映入眼帘,
吴良镛思绪万千。
这成为他一生最重要的转折点。

他来到清华园,
事无巨细地做好建系的准备工作,
从购买画架、画板和石膏像,
到安排课程,成立图书室,
建筑系从零开始,一步步发展起来。

新生的建筑系欣欣向荣、气氛活跃。
一次,访美归国的梁思成向师生们讲起联合国大厦的设计,
他生动地把大厦造型比喻为"一个面包一个派"。
梁先生还提出很多新的理论,
他带着大家去思考人与建筑的关系。
吴良镛渐渐地领悟到,
建筑师的工作不仅仅是盖房子,
最重要的是要让人们在美好的环境中生活。

1948年，在梁思成的帮助下，
吴良镛到美国学习建筑与城市设计。
在鼓励创造和交流的浓厚氛围中，
吴良镛不仅拓宽了视野，还找到了自己的方向。
他立足中国的实际，
从中西方两种文化中汲取力量，
把目光放在中国城市及住宅问题的研究上。

老师们都很欣赏吴良镛,
还请他参与美国通用汽车公司的设计项目。
然而,没有等到这座建筑落成,
吴良镛就收到林徽因的来信:
"百废待兴,赶紧回来参加新中国的工作。"

回国后的吴良镛立刻投入到国家建设的热潮中,
他先后参与了人民英雄纪念碑、国庆十大工程③、
长安街与天安门广场改建等设计和规划工作。
然而,一种不同的声音时不时冒出来:
"城市规划没有用!"
吴良镛对专业发展感到迷茫和苦恼,
建筑学的未来在哪里?

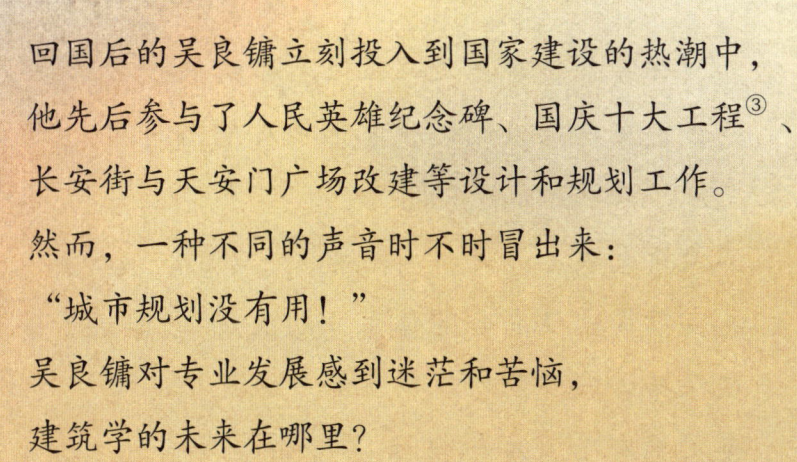

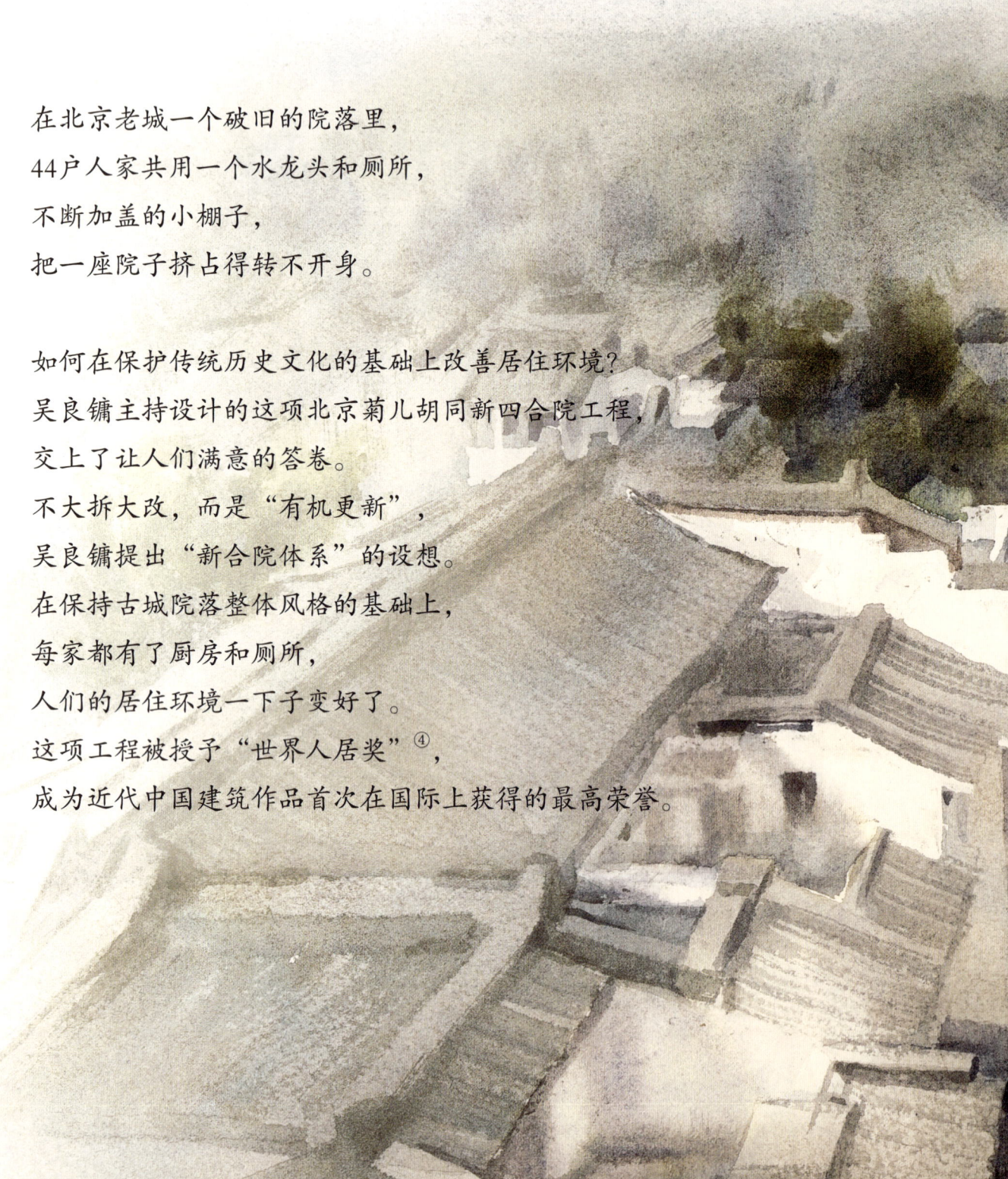

在北京老城一个破旧的院落里,
44户人家共用一个水龙头和厕所,
不断加盖的小棚子,
把一座院子挤占得转不开身。

如何在保护传统历史文化的基础上改善居住环境?
吴良镛主持设计的这项北京菊儿胡同新四合院工程,
交上了让人们满意的答卷。
不大拆大改,而是"有机更新",
吴良镛提出"新合院体系"的设想。
在保持古城院落整体风格的基础上,
每家都有了厨房和厕所,
人们的居住环境一下子变好了。
这项工程被授予"世界人居奖"[④],
成为近代中国建筑作品首次在国际上获得的最高荣誉。

吴良镛越来越认识到,
建筑学不只是房子的问题,
而且是人、建筑、自然和社会的融合,
"广义建筑学"的概念在他脑海中慢慢形成。

吴良镛一生不变的理想,
是让人们能够诗意地栖居在大地上。
他走遍大江南北,
希望用毕生所学去改善人们的居住环境。
他牵挂三峡库区移民的安居问题,
他心系云南西北部少数民族地区的人居环境,
他一直探寻城市发展与民生诉求的有效结合……

从城市和建筑,到区域和环境,
吴良镛把目光放到更广阔的领域,
他带领团队创建人居环境科学⑤理论。
1999年,第二十届世界建筑师大会在中国举行,
吴良镛郑重宣读了《北京宪章》⑥,
为建筑学的未来发展提供了中国思路。

做了一辈子老师的吴良镛,
培养出了一批批优秀的青年学者。
他爱学生,把学生们当成"同一个战壕里的战友",
他笑着说:"从学生到先生,大家一起成长。"

吴良镛不仅关注古都的保护，
还主持设计了孔子研究院等一批杰出建筑。
在神州大地上，
他用建筑作品表达着中国传统文化与现代艺术的融合之美。

2016年，一颗小行星被命名为"吴良镛星"，
它用科学的光辉照亮着中国建筑学前行的道路。

吴良镛常告诫学生：

"一个真正的建筑大师，

不是看他是否设计出了像埃菲尔铁塔一样留传百世的经典建筑，

而是看他是否能让自己国家的老百姓居有定所。"

读万卷书，行万里路，拜万人师，谋万家居。

吴良镛用一生去践行了这一诺言。

# 吴良镛小传

喜欢拼乐高的你们，是否梦想成为一名建筑设计师呢？

80多年前，有这样一位青年，他立志学习建筑，是因为一心想要重建被战火摧毁的家园。建设祖国，为人们创造理想的居住环境，是他一生的梦想。他就是我国著名的建筑学家、城乡规划学家、教育家、两院院士、2011年国家最高科学技术奖获得者——吴良镛。

1922年，吴良镛出生于南京一个富裕家庭。他的名字中的"镛"是大钟的意思，家人对吴良镛从小寄予厚望，希望他能"大叩之则大鸣"。后来，吴家家道中落，即使吃不饱饭，吴良镛仍然坚持学习。自立自强，是他从母亲身上学到的人生道理。

1937年，抗日战争爆发，为了躲避战乱，吴良镛与兄长辗转到重庆合川求学。背井离乡、国破家亡的痛苦经历，促使他坚定地选择了建筑专业。抗日战争时期，为了打通抗日物资运输线，中国和美国组成滇西远征军对日作战，救国心切的吴良镛也暂时放弃了学业，奔赴抗日前线。一年多后，吴良镛再次返回校园，他以一篇文章《释"阙"》走进梁思成的视野，并成为梁先生的助手。他的人生也因为遇到这位建筑大师而改变。

1946年,吴良镛来到清华园,协助梁思成创建清华大学建筑系。从此,他在三尺讲台上默默耕耘70余年,培育英才,桃李天下。从教书育人,到建筑设计,再到城市规划,吴良镛在一步步探索和实践。创造良好的、与自然和谐的人类居住环境,让人们诗意般地栖居在大地上,成为他一生不变的梦想。他常说:"民惟邦本,普通人的居住问题是建筑最本质、最核心的内容。"

中国建筑师要有自己的道路,这是吴良镛的信念。他把中华传统文化与现代建筑科学融会贯通,以北京菊儿胡同新四合院改造为实践,展开"天下人居"的研究和探索,并逐步形成人居环境科学理论体系,为世界建筑理论的发展做出了杰出贡献。他从清华大学的三尺讲台走向一个个国际建筑师论坛,并长期担任国际建筑师协会的领导职务,把充满中国文化精神和哲学智慧的建筑理念写进了《北京宪章》。他把中国建筑师的视野,从建筑延展向一座城市、一个区域的宏伟规划:京津冀、长三角、滇西北、三峡库区……他把最美的蓝图画在神州大地之上,在恢宏的空间中展现出中国建筑师的大手笔。

匠人营国,久久为功。吴良镛长期坚守在一线的教学和科研岗位,胸怀祖国,心系人民,勤耕不辍。作为教育家,他培养了一批批建筑领域的骨干人才,引领学科发展。作为科学家,他创建了一门学说,为中国及世界人居环境科学发展做出了重大贡献。作为建筑与城市规划学家,他把传承中国文化的建筑作品留在华夏大地上,为推进古都的保护和城市的科学发展呕心沥血。

"读万卷书,行万里路,拜万人师,谋万家居",是吴良镛的座右铭。他不知疲倦地工作,为创建美好人居环境而走遍中华大地。他寄语青少年:"一要有对事业的热情和忠诚;二要不断探索、不断创新。"

小朋友,如果你也有伟大的梦想,那就赶紧行动起来吧!像吴良镛爷爷那样,去追逐心中的梦,努力向前,你一定会成为不平凡的你!

# 吴良镛年谱

**1** 1922年
出生于江苏南京。

**2** 1937年（15岁）
因战乱，随兄长吴良铸辗转至重庆合川。

**3** 1940年（18岁）
考入重庆中央大学建筑系。

**4** 1944年（22岁）
被征调至滇西抗日远征军，奔赴前线。

**5** 1945年（23岁）
返回重庆，参加"战区文物保存委员会"，协助梁思成编制《全国文物保护目录》。

**6** 1946年（24岁）
被聘为清华大学助教，参与创办清华大学建筑系。

**7** 1948年（26岁）
赴美国匡溪艺术学院建筑与城市设计系学习，师从世界著名建筑大师沙里宁。

**8** 1950年（28岁）
回国投身新中国建设。

**9** 1958年（36岁）
参与北京国庆十大工程和天安门广场扩建设计工作。

**10** 1959年（37岁）
推动创办清华大学建筑设计研究院。

**11** 1960年（38岁）
5月28日，加入中国共产党。参与领导全国建筑学专业通用教材的编写。

**12** 1976年（54岁）
参与北京图书馆（后更名为中国国家图书馆）建筑方案设计；唐山大地震后，赴唐山参加建工部唐山规划研究专家组工作。

**13** 1977年（55岁）
参与毛主席纪念堂设计工作。

**14** 1978年（56岁）
任清华大学建筑系主任。

## 15
**1980年
（58岁）**

当选中国科学院学部委员。

## 17
**1984年
（62岁）**

创办清华大学建筑与城市研究所，任所长。

## 19
**1988年
（66岁）**

当选世界人类聚居学会副主席。

## 21
**1993年
（71岁）**

北京菊儿胡同新四合院工程荣获"世界人居奖"。做学术报告《中国建设事业的今天和明天》，首次提出"人居环境科学"。

## 23
**1996年
（74岁）**

开始设计山东省曲阜孔子研究院。

## 25
**1998年
（76岁）**

启动滇西北人居环境可持续发展规划研究项目。

## 27
**2001年
（79岁）**

当选俄罗斯建筑科学院院士。专著《人居环境科学导论》出版。

## 29
**2018年
（96岁）**

参加庆祝改革开放40周年大会，被授予"改革先锋"称号，获"改革先锋"奖章。

## 16
**1982年
（60岁）**

主持编纂《梁思成文集》，历时6年，于1987年出版。

## 18
**1987年
（65岁）**

开始北京菊儿胡同新四合院住宅工程的研究和规划设计。

## 20
**1989年
（67岁）**

专著《广义建筑学》出版。

## 22
**1995年
（73岁）**

当选中国工程院院士。创建清华大学人居环境研究中心，任主任。

## 24
**1997年
（75岁）**

被中国建筑学会任命为国际建筑师协会第二十届世界建筑师大会科学委员会主席，开始筹备大会。

## 26
**1999年
（77岁）**

起草《北京宪章》，被认为是指导21世纪建筑学发展的重要纲领性文献。

## 28
**2012年
（90岁）**

获2011年度"国家最高科学技术奖"。

# 词 汇 园 地

①**七七事变**：又称卢沟桥事变，发生于1937年7月7日；自此，中国开始了全国性的抗日战争。

②**驼峰航线**：抗日战争期间，中国沿海被日军盘踞封锁，云南通往缅甸的道路也被中断，很多战略物资只能靠飞机跨越喜马拉雅山进行运输，这条航线被称为驼峰航线。

③**国庆十大工程**：分别是人民大会堂、中国革命历史博物馆、中国人民革命军事博物馆、全国农业展览馆、民族文化宫、北京工人体育场、北京火车站、民族饭店、华侨大厦（已拆除）和钓鱼台国宾馆。

④**世界人居奖**：1985年由英国建造与社会住房基金会（Building and Social Housing Foundation，BSHF)设立，是目前国际上规格最高、最具权威性的人居项目奖项之一。旨在表彰实用、创新且具有良好推广性的住房解决方案。

⑤**人居环境科学**：人居环境（Human Settlements）是指包括乡村、集镇、城市、区域等在内的所有人类聚落及其环境。人居环境科学以人居环境为研究对象，是研究人类聚落及其环境的相互关系与发展规律的科学。

⑥**《北京宪章》**：1999年6月23日，国际建协第二十届世界建筑师大会在北京召开，大会通过了由吴良镛教授起草的《北京宪章》。《北京宪章》总结了百年来建筑发展的历程，并在剖析和整合20世纪的历史与现实、理论与实践、成就与问题以及各种新思路和新观点的基础上，展望了21世纪建筑学的前进方向。《北京宪章》这一宪章被公认为是指导21世纪建筑发展的重要纲领性文献，标志着吴良镛的广义建筑学与人居环境学说，已被全球建筑师普遍接受和推崇，从而扭转了长期以来西方建筑理论占主导地位的局面。

**参考资料：**

吴良镛，良镛求索[M]. 北京：清华大学出版社，2016.

图书在版编目（CIP）数据

建造一座理想之城：吴良镛的故事 / 任福君主编；高文静著；王青春绘. — 北京：北京出版社，2023.3（2025.4重印）
（"共和国脊梁"科学家绘本丛书）
ISBN 978-7-200-17229-4

Ⅰ. ①建… Ⅱ. ①任… ②高… ③王… Ⅲ. ①吴良镛－传记－少儿读物 Ⅳ. ①K826.16-49

中国版本图书馆CIP数据核字(2022)第121855号

选题策划　李清霞　袁　海
项目负责　刘　迁
责任编辑　张文川
装帧设计　刘　朋　耿　雯
责任印制　刘文豪
封面设计　黄明科
宣传营销　郑　龙　王　岩　安天训　孙一博
　　　　　郭　慧　马婷婷　胡　俊

"共和国脊梁"科学家绘本丛书
### 建造一座理想之城
吴良镛的故事
JIANZAO YI ZUO LIXIANG ZHI CHENG

任福君　主编
高文静　著　王青春　绘

出　　版：北京出版集团
　　　　　北京出版社
地　　址：北京北三环中路6号
邮　　编：100120
网　　址：www.bph.com.cn
总 发 行：北京出版集团
经　　销：新华书店
印　　刷：北京博海升彩色印刷有限公司
版 印 次：2023年3月第1版　2025年4月第5次印刷
成品尺寸：215毫米×280毫米
印　　张：2.75
字　　数：30千字
书　　号：ISBN 978-7-200-17229-4
定　　价：25.00元

如有印装质量问题，由本社负责调换
质量监督电话：010-58572393
责任编辑电话：010-58572346
团 购 热 线：17701385675
　　　　　　18610320208

声明：为了较为真实地展现科学家生活的时代特征，部分页面有繁体字，特此说明。